AF247648

Un Sanatorium

POUR LA MISSION

DE MADAGASCAR

... Afin que ton serviteur et ta servante se reposent comme toi.
DEUTÉR. V, 14.

PARIS

MAISON DES MISSIONS ÉVANGÉLIQUES
102, BOULEVARD ARAGO

—

1907

Maison indigène à vendre à Ambatolampy,
pouvant être transformée, à la rigueur, en sanatorium.

AVANT-PROPOS

C'est dans un chalet de la Haute-Savoie que je prépare pour l'imprimerie les pages de cette brochure. Dans cette vallée fraîche et verdoyante, au pied des grands monts, nous sommes venus, pour quelques semaines, chercher en famille le repos, la solitude, la contemplation des belles œuvres de Dieu, où se retrempent les forces physiques et morales.

La plupart de nos amis de Paris sont dispersés, soit dans cette même région des Alpes ou dans la région voisine du Jura, soit sur les plages qui s'égrènent le long de nos côtes de la Manche ou de l'Océan. D'autres se sont réfugiés dans quelque coin de province ou voyagent à l'étranger. Bien peu sont restés chez eux. Que dis-je, parmi les lecteurs du Journal des Missions, parmi les souscripteurs de notre Société, combien en est-il qui cette année ne se seront accordé aucune vacance ?

Et je pense à nos missionnaires, à ceux de Madagascar en particulier, dont j'ai partagé la vie.

Il y a six ans aujourd'hui, nous nous embarquions à Marseille, ma femme et moi. Je suis resté là-bas trente-et-un mois, près de trois ans. Ces trois ans sont les seuls de ma vie où je n'aie pris aucun congé. Une fois ou deux, à Tananarive, nous fîmes le rêve d'aller pour quelques jours à la campagne, tous deux seuls ; de louer, par exemple, pour notre usage le sanatorium de l'une ou l'autre des missions anglaises. Ce rêve, nous n'avons jamais pu le réaliser, et j'ai travaillé trente-et-un mois sans dételer.

Mais qu'est-ce que trente-et-un mois, auprès du séjour règlementaire d'un missionnaire de Madagascar : sept ans la première fois et six ans les fois suivantes ? Sept ans, six ans au moins, sans vacances ! Et cela sous un climat tropical, avec cette complexité de travaux et d'incessants dérangements que comporte la vie en champ de mission ! N'est-ce pas excessif et dangereux ? Une tension continue de six ou sept ans, n'est-ce pas assez pour expliquer l'état de fatigue et d'usure dans lequel nos missionnaires nous reviennent le plus souvent ?

— Mais, direz-vous, qu'est-ce qui les empêche de se reposer là-bas, de temps en temps ?

— Il est vrai que quelques-uns s'accordent un congé annuel. Seulement, dans quelles conditions ?

Se reposer en restant chez soi, il n'y faut pas songer, à moins qu'on soit malade, et encore ! L'indiscrète assiduité des indigènes sur la station s'y oppose, non moins que l'urgence des affaires qui surviennent soudain, renversant tous les plans, surtout en un pays où l'administration, si volontiers tâtillonne et ombrageuse, semble se donner à tâche de compliquer la vie à ses administrés.

Chercher hors de chez soi un lieu de repos ? Mais il n'existe, à Madagascar, aucune maison européenne où une famille puisse aller prendre pension. Il n'y a d'hôtels, en Imerina, qu'à Tananarive, et quels hôtels pour être tranquille, pour vivre en famille et à bon marché ! Seules, la mission de Londres et la mission des Quakers possèdent, depuis de longues années, les maisons de repos dont il sera question dans cette brochure. Mais les missionnaires anglais usent eux-mêmes presque toute l'année de ces sanatoriums qu'ils ont construits. De loin en loin seulement il est possible d'en louer un, pour quinze jours ou pour un mois.

A l'ordinaire, pour prendre un congé, nos missionnaires n'ont qu'une ressource : aller demander asile à un collègue.

Certes, ces visites, qui rompent, dans la brousse, la monotonie du travail solitaire, sont toujours les bienvenues. Seulement, constituent-elles un vrai repos ? Passe encore s'il s'agit simplement de recevoir un célibataire, homme ou femme. Mais que toute une famille vienne s'ajouter aux habitants ordinaires de la station, la maison sera plus que pleine. Avec tant de jeunes enfants, le repos des nuits, si indispensable après les journées accablantes, y sera souvent fort compromis. Pendant le jour, le collègue qui exerce l'hospitalité invitera tout naturellement celui qui la reçoit à l'accompagner dans ses courses, à l'aider dans le règlement de ses affaires. Le dimanche, il sera heureux d'être remplacé. Au reste, les églises indigènes des environs viendront demander à l'étranger de les honorer d'une prédication. Pauvres vacances, pour la famille en déplacement ! Grande fatigue, en revanche, pour la maîtresse de maison qui abrite sous son toit, non seulement les amis, parents et enfants, fatigués, fiévreux, qu'on s'ingénie à bien traiter, mais encore cette suite de domestiques sans laquelle une famille européenne ne peut guère se déplacer dans les pays de colonies !

Que de fois je les ai vus, nos pauvres missionnaires, rentrer chez eux plus épuisés, après ces prétendues vacances, et déclarer qu'ils auraient mieux fait de rester à la maison ! En même temps, je voyais les missionnaires anglais revenir à leur travail, rafraîchis, reposés, corps et âme, après quelques semaines de séjour paisible dans une région salubre et dans des conditions suffisantes de confortable.

Dès lors je me suis promis qu'après mon retour en France, je ferais campagne, au sein du Comité, et parmi nos souscripteurs, afin de pourvoir la mission de Madagascar d'un sanatorium qui me paraît tout à fait indispensable.

Jusqu'ici, d'autres nécessités ont absorbé nos efforts. Chaque exercice, d'ailleurs, s'est terminé par un déficit, et l'on a mauvaise grâce, lorsqu'on manque de nécessaire, à demander ce que plusieurs — bien à tort du reste, — considèrent comme du superflu. Cependant, les expériences fâcheuses se sont poursuivies. Après trois ou quatre ans de séjour, parfois moins, quelques missionnaires nous sont revenus qui auraient pu rester plus longtemps et rentrer en meilleur état, s'ils avaient eu là-bas le moyen de se reposer. La nécessité d'un sanatorium s'est de plus en plus imposée à l'esprit de nos frères de Madagascar. Leur Conférence a saisi officiellement le Comité de cette affaire. Des démarches, des recherches ont été faites, dont on trouvera dans ces pages le détail. Aujourd'hui, on peut dire que la question est mûre : ceux qui liront ces pages en seront certainement convaincus, comme nous-mêmes.

Pour établir dans de bonnes conditions le sanatorium de Madagascar, il faut, nous écrit M. Delord, une somme totale de 12.000 francs. C'est peut-être au-dessous de la vérité, et, d'après le prix de revient des maisons que j'ai vu construire à Madagascar, je serais porté à demander 15.000 francs. La libéralité de nos amis prononcera entre ces deux chiffres.

Mais la somme d'argent n'a ici qu'une importance secondaire. Ce que nous désirons surtout, c'est que *nos missionnaires puissent voir, dans l'érection prochaine de leur sanatorium, une attention affectueuse des chrétiens qui les ont envoyés là-bas porter l'Evangile.*

Il y a cinq ans, à Tananarive, les délégués des Eglises malgaches nous apportèrent, un matin, plusieurs milliers de francs recueillis sou par sou pour venir en aide à la mission de Paris, qu'on savait en déficit. Et, comme nous leur disions notre reconnaissance pour cet effort touchant, ils nous répondirent : « Cela ne vaut pas un remerciement ; c'est un don d'amour. » Faisons tous en sorte, par « la promptitude de notre bonne volonté », que, dans quelques mois, le sanatorium d'Ambatolampy apparaisse, à nos chers missionnaires de Madagascar, comme un don d'amour de leurs frères d'Europe !

JEAN BIANQUIS.

Morzine, 25 août 1907.

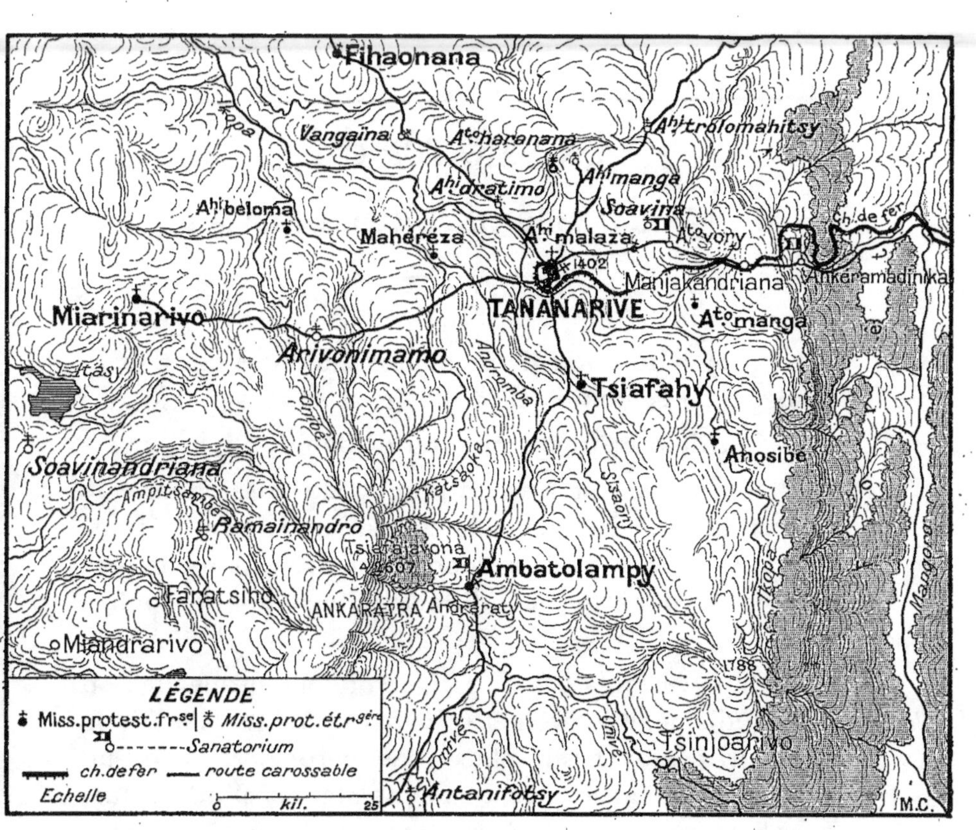

*Carte des Stations missionnaires et des Sanatoriums existants
ou à construire en Imerina.*

UN SANATORIUM

POUR LA MISSION DE MADAGASCAR

Le projet de doter d'un sanatorium notre mission de Madagascar remonte déjà à plusieurs années.

Le but de cette institution serait double :

1° Elle fournirait à toute famille de missionnaire le moyen de prendre, une fois par an, à très peu de frais, quelques semaines d'un repos réparateur dans un site salubre et dans des conditions suffisantes de confortable ;

2° Dans certains cas de fatigue due au surmenage ou au paludisme, elle permettrait à tel ou tel membre de la mission d'essayer sur place une cure de repos ou un séjour de convalescence, dans une station climatérique, avant de se résoudre à rentrer en Europe en congé anticipé.

Ainsi l'existence du sanatorium permettrait à la Société des Missions de faire occasionnellement des économies financières importantes, et d'épargner en tous temps ce qui est son meilleur capital : les forces et la vie même de ses missionnaires.

Ce projet a pris corps l'année dernière, à la Conférence générale de Tananarive, qui en a délibéré dans sa session de mai 1906. Voici en quels termes elle a saisi le Comité :

EXTRAIT D'UNE LETTRE DE LA CONFÉRENCE GÉNÉRALE

ANNUELLE DE MADAGASCAR, DU 12 MAI 1906

Projet de Sanatorium. — Sur l'initiative de notre président, nous avons discuté le principe, ainsi que les voies et moyens en vue d'établir un sanatorium pour les membres de la Mission.

L'expérience nous a montré combien la Mission retirerait d'avantages de l'existence d'un tel établissement. De l'avis formel des docteurs, un repos pris à temps, dans des conditions satisfaisantes, aurait pu éviter, dans certains cas, un rapatriement prématuré.

Persuadés que nous aurions là un moyen de mieux travailler à notre œuvre et de ménager les finances de la Société, nous avons été unanimes sur le principe, ainsi que sur le choix du village d'Ambatolampy, pour y établir le futur sanatorium qui pourrait être simplement une maison achetée.

MM. Chazel, Maroger, Martin ont été désignés pour étudier sur les lieux les conditions de construction ou d'achat d'une maison modeste destinée à servir de sanatorium.

Un rapport accompagné de plans et devis préliminaires vous sera adressé à l'appui de notre demande et nous vous prions de nous mettre en mesure de faire aboutir sans retard un projet qui présente tous les caractères de l'urgence.

Le Comité prit connaissance de cette lettre dans sa seconde séance de juillet. Et, sans attendre le Rapport et les plans et devis annoncés par la Conférence, il chargea son Secrétaire général d'exprimer à nos missionnaires sa profonde sympathie pour le projet en question.

Notre lettre officielle au président de la Conférence du 19 juillet 1906, renfermait donc le paragraphe suivant :

EXTRAIT D'UNE LETTRE OFFICIELLE
A MM. LES MISSIONNAIRES DE LA CONFÉRENCE
DE MADAGASCAR

Paris, 19 Juillet 1906.

.....*Projet de Sanatorium.* — Le Comité reconnaît toute l'importance de ce projet et est disposé à faire tous ses efforts pour qu'il aboutisse sans retard. Sa situation financière ne lui permet pas de prendre sur ses ressources ordinaires la somme nécessaire, mais un appel a déjà été lancé dans le public et sera renouvelé. Nous ferons tout notre possible pour que l'opération puisse se faire à la prochaine saison sèche. Le rédacteur de cette lettre l'a personnellement très à cœur.

Pendant ce temps, MM. Chazel et Martin s'acquittaient de la mission qui leur avait été confiée et ils présentaient oralement leur rapport à la Conférence de l'Imerina, au mois d'octobre. Ce rapport concluait à l'adoption d'Ambatolampy comme siège du sanatorium de la mission.

Voici en quels termes M. Delord, président de la Conférence, rend compte de l'accueil fait par les missionnaires de l'Imerina aux conclusions de leurs deux collègues.

EXTRAIT D'UNE LETTRE DE M. S. DELORD

Tananarive, 30 octobre 1906.

..... *Sanatorium de la Mission.* — La Conférence a écouté avec intérêt le rapport de MM. Chazel et Martin, chargés de visiter Ambatolampy. Sur le rapport favorable qu'ils ont fait, la Conférence s'est décidée, à l'unanimité, pour le choix de cette localité.

En effet, de l'avis des docteurs, et de tous ceux qui ont pu faire un séjour dans cette ville, il n'y a pas à hésiter. On jouit là-bas d'un air très pur et très vif, bien meilleur que celui des localités où nos frères anglais ont établi leur maison de repos.

De plus, Ambatolampy présente les avantages suivants :

Route excellente, voies de communications faciles ;

Pourrait être utilisé par nos collègues d'Ambositra ;

Possède des commodités de ravitaillement, un hôpital, un médecin, un télégraphe, etc., etc.

Nous insistons tous pour que notre proposition soit prise en sérieuse considération. Les conditions climatériques sont absolument changées à Madagascar depuis près de trois ans. De nouveau la fièvre commence à sévir avec une certaine intensité. Plusieurs de nos amis sont déjà fatigués. Les *sanatoriums* de nos frères anglais sont le plus souvent occupés par eux ou par des membres de la Colonie. Nous seuls, membres de la Mission n'avons pas un seul endroit où nous puissions envoyer nos malades.

Il faudrait être prêt à construire dès le commencement de la saison sèche, pour pouvoir terminer avant la saison des pluies 1907.

Je l'ai dit souvent dans mes correspondances : il y a là une question d'économie de personnel et de ressources. Tel de nos amis qui « traîne », ne sachant où aller, aurait toutes les chances de se remettre, s'il pouvait jouir d'un ou deux mois de repos ou d'un vrai changement d'air, dans une maison simple, mais confortable.

Cette lettre ne pouvait qu'affermir notre propre conviction. Pourtant il nous sembla qu'elle ne renfermait pas encore tous les éléments dont nous avions besoin pour saisir le public d'un appel catégorique et vraiment documenté.

L'opinion de MM. Chazel et Martin sur la salubrité d'Ambatolampy était-elle confirmée par des hommes possédant une véritable compétence scientifique en

Sanatorium de la mission de Londres à Ambatovory.

matière d'hygiène, par exemple par les principaux médecins français ou étrangers de Tananarive ?

Etait-ce bien à Ambatolampy même, à côté du missionnaire, de l'administrateur, de l'église indigène qu'il fallait construire notre sanatorium ? Ne vaudrait-il pas mieux la mettre à quelque distance, dans un site plus paisible, à une altitude un peu plus élevée, sur les contreforts de l'Ankaratra, tout au bord de la forêt qui en couvre les pentes et qui fournirait à nos frères fatigués ou convalescents, avec le calme de sa solitude, la fraîcheur reposante de ses ombrages ?

Enfin, quelle serait la dépense à prévoir ? Fallait-il construire de toutes pièces ou trouverait-on une maison à aménager ? Ne pourrait-on pas nous fournir un plan de construction, un devis approximatif et aussi des photographies des deux sanatoriums déjà construits depuis de longues années par nos frères anglais : le sanatorium d'*Ambatovory,* près de la station de Soavina, appartenant à la mission de Londres et le sanatorium d'*Ankeramanidika*, plus à l'est, au bord de la grande forêt de la Mandraka, appartenant à la mission des Quakers.

Telles sont les questions que nous avons posées à M. Delord. Nous lui demandions, en même temps, de faire établir, par un homme du métier, des plans et devis que nous placerions sous les yeux de nos amis, pour solliciter et encourager leurs libéralités.

M. Delord nous a répondu, le 29 janvier 1907, par la lettre qu'on va lire. Il nous communiquait, en même temps, les déclarations médicales que nous reproduisons à la suite de sa lettre, et les photographies qui ont servi à illustrer la présente brochure.

LETTRE DE M. S. DELORD, PRÉSIDENT DE LA CONFÉRENCE DES MISSIONNAIRES DE MADAGASCAR

Tananarive, 29 janvier 1907.

CHER MONSIEUR ET HONORÉ FRÈRE,

J'ai déjà eu l'occasion de vous écrire au sujet du sanatorium et je ne vois pas trop ce que je pourrais ajouter de nouveau dans le rapport que vous me demandez.

Sur la question de principe, il me semble que nous sommes tous d'accord et, s'il y avait encore quelques doutes à ce sujet, il me paraît qu'ils seraient dissipés par les lettres des docteurs Fontoynont, Jourdran et Borchgrevink, à qui j'avais demandé ce qu'ils pensaient de l'utilité qu'il y aurait, d'après eux, à avoir une telle maison. Le dernier est un vieux missionnaire, surintendant de la mission norvégienne. Les deux premiers ont une longue expérience de la vie coloniale, je dirai même de la mission de Madagascar, puisqu'ils sont nos médecins depuis nombre d'années.

Leurs témoignages sont absolument convaincants. Nous vous les transmettons textuellement par ce courrier.

L'avis des missionnaires les plus anciens, dans les différentes Sociétés à l'œuvre ici, confirme de tous points celui des docteurs.

« Si nous avons moins de rapatriements que vous, me disait M. Peake [1], nous le devons au sanatorium. Grâce au bien reçu par tel ou tel collègue, nous avons pu retarder d'une et quelquefois de plusieurs années leur rapatriement. Il y a donc eu pour nous économie d'hommes et économie de ressources. Il y a eu, ajouterait-on aussi, plus de bon travail fait. »

Ce témoignage est celui de tous nos frères et de toutes nos sœurs des missions étrangères.

Si le Dr Moss et M. Standing [2] ont pu poursuivre ici leur œuvre, malgré le pauvre état de leur santé, et s'ils ont accompli une telle somme de travail, ils le doivent, après Dieu, à leur sanatorium d'Ankeramadinika, où ils allaient chaque année pour plusieurs mois. MM. Baron, Sharman, Sibree [3] et d'autres y vont tous les ans pendant

---

(1) Missionnaire de la Société de Londres, à Soavina.

(2) Missionnaires de l'Association des Amis qui sont, l'un et l'autre, d'un tempérament délicat.

(3) Missionnaires de la Société de Londres. Le dernier est à l'œuvre à Madagascar depuis 44 ans et sa santé est restée excellente.

au moins deux mois. Je me souviens avoir entendu le Dr Moss me dire : « Si vous aviez pu envoyer tels de vos collègues pendant plusieurs mois dans un bon sanatorium, vous n'auriez pas eu, je crois, à les rapatrier. »

Quant au choix de l'emplacement, sans qu'il soit définitif, nous avons surtout pensé à Ambatolampy. Cet endroit me paraît réunir les avantages suivants :

1⁰ On y respire l'air pur et tonique de l'Ankaratra. Ceux de nos amis qui ont été soit à Ambositra, soit à Antsirabé, déclarent qu'il y a, entre ces diverses localités, une très grande différence en faveur d'Ambatolampy, dont l'air est bien plus fortifiant.

2⁰ Ce sanatorium serait à proximité d'une grande et belle route, celle de Tananarive à Antsirabé. On peut y aller dans une petite journée, soit en pousse-pousse, soit en voiture : donc, assez rapidement et économiquement. C'est un point essentiel pour ceux de nos amis qui ont des enfants. Si le voyage est trop compliqué, trop long, trop coûteux, ils y renonceront, d'autant plus qu'il faut souvent prendre pas mal de bagages avec soi.

3⁰ Cette localité a une poste, un télégraphe, des ressources suffisantes, un médecin, une pharmacie d'hôpital : tout autant de ressources qu'une mère de famille apprécie énormement. Quand on est fatigué ou malade, on hésite beaucoup à être éloigné des secours et de la possibilité de ravitaillement.

En cas de besoin, nous aurions la ressource d'avoir le missionnaire d'Ambatolampy à portée.

4⁰ Un quatrième avantage que nous trouverions à Ambatolampy, c'est que — grâce à la présence de notre frère Maroger et au bon marché de toutes choses dans la région — nous pourrions y trouver des matériaux de construction à des prix très réduits. Les vivres n'y sont pas chers non plus.

Les villes d'Antsirabé et de Tsinjoarivo, dont parle M. Fontoynont, sont beaucoup trop éloignées. Bien peu de collègues entreprendraient de pareils voyages, soit à cause de leur famille, soit à cause des dépenses.

Quant à la somme nécessaire, nous sommes tous d'avis qu'il faudrait, pour une maison spacieuse, bien aérée, bien construite, ainsi que pour un mobilier simple, mais confortable, un minimum de 10.000 francs. Je crois même que 12.000 francs pourraient nous être nécessaires, en y comprenant les dépendances et les plantations d'arbres.

Амватоvory. — *Sanatorium de la mission de Londres.*

(On voit, en arrière, l'énorme rocher arrondi qui a donné son nom à la localité :
« AN - VATO - VORY, à la pierre ronde. »

Je vous adresse ci-joint, sur votre désir :

1º La photographie du sanatorium d'Ankeramadinika [1].

2º Trois photographies du sanatorium d'Ambatovory [2].

3º Une petite photographie de M. Chazel lors de son voyage à Ambatolampy [3]. Elle représente une petite maison que nous pourrions acheter pour 1.200 ou 1.500 francs, et qui exigerait une somme égale pour les réparations et probablement 2.000 francs pour l'aménagement. Elle pourrait, à la rigueur, suffire pour les célibataires; mais la plupart de nos amis y sont opposés, soit parce qu'elle est trop petite, soit parce qu'elle est trop mal placée, trop près de l'hôpital et du village, sans beaucoup de sortie. Je ne crois pas qu'on puisse y penser sérieusement.

Je n'ai rien d'autre à ajouter, cher monsieur, sur cette question qui est infiniment plus importante qu'on ne pourrait le penser, qui s'impose même, par les temps de malaria que nous traversons.

Le rapport de MM. Chazel et Martin n'était pas écrit. Il concluait à la construction d'une maison spéciale. La Conférence s'est prononcée à l'unanimité pour cette construction. L'idée de quelques-uns seulement était qu'au cas où l'on ne pourrait pas construire, faute de ressources, mieux vaudrait cette petite maison que rien.

Bien entendu, quand nous saurons à quoi nous en tenir pour les fonds, nous ferons faire ici des plans et devis correspondants aux ressources obtenues, ou mieux, au-dessous de ces ressources.

Il m'est impossible de vous donner des devis, très difficiles à établir d'avance, à moins d'avoir un homme compétent qui se transporte là-bas, ce que nous n'avons pas sous la main. Un homme du métier nous demanderait au moins 500 fr. pour ses plans et gagnerait probablement 2.000 fr. sur l'exécution des travaux. Je crois que M. Maroger nous ferait le tout dans de bonnes conditions.

En outre des avantages relevés dans cette lettre et dans les communications des docteurs, je crois qu'on aurait grand tort de négliger les avantages moraux et spirituels que l'on trouverait dans la retraite, dans ce pays où il est nécessaire de se retirer à l'écart pour se ressaisir en entrant plus avant dans la communion de Dieu.

Votre affectueusement dévoué en Christ.

S. DELORD.

(1) Voir la reproduction de cette photographie p. 23.

(2) Deux de ces photographies étaient trop analogues pour qu'il valût la peine de les faire clicher l'une et l'autre. Il n'en est donc resté que deux, qu'on trouvera reproduites pp. 15 et 19.

(3) Voir la reproduction, p. 3.

LETTRE DU Dr FONTOYNONT [1], A M. S. DELORD

Tananarive, 28 janvier 1907,

CHER MONSIEUR,

Le sanatorium que vous voudriez créer pour vos missionnaires est non seulement de la plus grande utilité, mais d'une nécessité absolue. Il vous faut une maison bien aménagée en un des endroits sains, comme il en existe heureusement encore quelques-uns sur nos hauts plateaux, ni trop, ni trop peu exposé aux vents, à proximité d'une route praticable et fréquentée, loin des eaux stagnantes. La région d'Antsirabé, ou celle toute proche de Tsinjoarivo, me paraît indiquée.

Depuis quelques années le paludisme s'est propagé sur les hauts plateaux malgaches jusqu'ici réputés pour leur salubrité. Vos missionnaires ont payé leur lourd tribut au mal et j'estime que leur santé eût pu être beaucoup plus facilement protégée s'il leur eût été possible de faire en temps utile une cure d'air. Tous les hygiénistes savent comment les déplacements atténuent et souvent font disparaître les attaques de malaria. Nous ne serons des vrais colonisateurs que lorsque, devenus des gens pratiques, nous aurons, nous aussi, nos maisons de commerce à la ville, nos habitations à la campagne et surtout nos sanatoria en quantité suffisante pour permettre à chacun d'aller y puiser un peu d'air pur. Les Malgaches eux-mêmes, de tout temps, ont pratiqué la coutume du *maka-rivotra* [2], basée, comme bien de leurs actes, sur l'expérience.

De même que, en France, nous fuyons chaque année la ville pour courir à la mer ou à la montagne, de même, ici, vos missionnaires doivent pouvoir se reposer sur les contreforts de l'Ankaratra.

J'applaudis donc des deux mains à votre excellente idée. Je l'appuie de toute l'autorité de mon expérience et de mon séjour colonial, heureux si vous pouviez donner un exemple qui se généralisât. Nous ne savons pas coloniser, nous qui cependant avons tant colonisé ! Puissions-nous ne pas rester aux colonies les antihygiénistes que nous avons toujours été jusqu'ici et comprendre enfin qu'un repos

---

(1) Le Dr M. Fontoynont, ancien interne des hôpitaux de Paris, exerce la médecine à Tananarive depuis plus de dix ans et a eu l'occasion de soigner à plusieurs reprises la plupart de nos missionnaires de l'Imerina.

(2) Changement d'air, expression courante parmi les Hova.

annuel, reconnu nécessaire en France, l'est encore plus en pays malsain !

Si vous réussissez dans votre entreprise, vous aurez non seulement rendu un grand service à nos missionnaires, mais fait œuvre utile en prêchant d'exemple.

Vous aurez aussi été un administrateur vigilant et économe, car vous diminuerez de beaucoup les rapatriements d'urgence.

Il est toutefois nécessaire, et j'insiste à dessein sur ce fait, que votre sanatorium soit confortablement installé.

Veuillez, cher monsieur, agréer l'expression de mes sentiments dévoués.

M. Fontoynont.

DÉCLARATION DE M. LE DOCTEUR L. JOURDRAN. [1]

Consulté par M. Delord, chef de la Mission Protestante française à Madagascar, sur l'utilité qu'il y aurait pour les missionnaires à avoir un sanatorium, je ne puis que donner un avis très favorable et les meilleurs encouragements à l'exécution de ce projet.

L'emplacement choisi, sur les hauteurs d'Ambatolampy, dans l'Ankaratra, me semble judicieux. Les missionnaires impaludés et anémiés par les fatigues professionnelles et le séjour dans les mauvais postes trouveront sur les hauteurs d'Ambatolampy un air vivifiant pouvant augmenter rapidement le taux globulaire du sang et rétablir leur santé dans la douce quiétude du sanatorium.

N'ayant pas visité l'emplacement exact, il m'est difficile d'établir les conditions météorologiques spéciales de l'établissement sanitaire projeté par la Mission Protestante Française. Il serait indispensable pour cela de visiter en détail le siège du futur sanatorium.

Tananarive, le 31 janvier 1907.

Dr Jourdran.

(1) Le Dr Jourdran est un médecin militaire, que M. le général Gallieni avait chargé de créer et de diriger l'Ecole indigène de médecine de Tananarive. Comme son confrère civil, le Dr Fontoynont, il a souvent été appelé, en ces dernières années, à donner ses soins à nos missionnaires.

Sanatorium de la mission des Quakers, à Ankeramadinika.

TRADUCTION D'UNE LETTRE DE M. LE DOCTEUR
CH. BORCHGREVINK [1] A M. DELORD

Tananarive, 26 janvier 1907

Mon cher Monsieur Delord,

Excusez-moi de vous écrire en anglais, langue qui m'est plus familière que le français.

En réponse à la question que vous m'avez posée hier, sur la convenance d'Ambatolampy comme emplacement pour le sanatorium, j'exprime mon opinion dans le sens affirmatif.

J'ai toujours regardé le district d'Ambatolampy comme l'un des plus sains de Madagascar. Autrefois, lorsque nous [2] avions beaucoup plus de missionnaires à Tananarive qu'à présent, nous pensions à construire un sanatorium et, dès ce temps là, notre choix s'était arrêté sur un endroit à l'intérieur du district d'Ambatolampy. L'insuffisance des fonds et une diminution de nos membres à Tananarive furent les raisons qui nous empêchèrent d'exécuter notre plan.

Quant au point précis où vous construiriez un sanatarium, vous pensez sans doute au village même d'Ambatolampy. Je crois que l'endroit est bon, quoique le brouillard y soit quelquefois désagréable dans la saison froide. Malgré cela, je crois qu'Ambatolampy serait un des meilleurs endroits pour le sanatorium.

Vous trouveriez cependant un emplacement un peu meilleur plus près des montagnes de l'Ankaratra ; mais les difficultés qui proviendraient du mauvais état des chemins et de la rareté de la population vous détourneront de ce plan...

Votre tout dévoué,

Ch. Borchgrevink.

---

(1) M. le D^r Ch. Borchgrevink, après avoir longtemps exercé la médecine à Tananarive et formé des générations de médecins indigènes dans l'ancien institut médical des missions protestantes de Madagascar est, depuis plusieurs années, le surintendant de la mission norvégienne. Nous ne saurions énumérer tous les services qu'il a rendus à notre mission, depuis le temps où madame Borchgrevink et lui accueillaient si affectueusement nos premiers envoyés, les Lauga, les Kruger, les B. Escande et, en particulier, Paul Minault qui fut reçu comme un fils sous leur toit hospitalier d'Antsahamanitra.

(2) « Nous, » c'est-à-dire la mission norvégienne, dont le champ de travail ne commence qu'au fleuve Onivé, et s'étend vers le sud de l'île. Elle n'a jamais eu, dans la capitale, qu'une œuvre représentative, dont l'importance a beaucoup diminué depuis l'occupation française.

La lecture des pièces qui précèdent suffit, nous semble-t-il, à emporter la conviction. Faut-il rappeler, en outre, en quel état de santé nous sont revenus, depuis trois ans, plusieurs de nos missionnaires de Madagascar, en particulier M. et Mme Chastanier, M. et Mme Labourgade, M. Warnet, Mme Rusillon, pour ne parler que des plus impaludés ? Plusieurs d'entre eux doivent renoncer aujourd'hui à tout projet de départ qui, peut-être, auraient été conservés à la mission, si elle eût possédé un sanatorium.

On a vu plus haut que, depuis longtemps, les missions anglaises en possèdent deux. Elles les ont placés, l'un et l'autre, sur la route de Tamatave parce que, à l'époque où on les a construits, c'était la partie de l'Imerina la plus sûre et aussi la plus facile d'accès, la plus aisée à ravitailler, tous les convois d'Europe passant par là. En outre, en cas de maladie grave, le missionnaire en résidence au sanatorium se trouvait avoir déjà fait une étape ou deux vers le rapatriement.

Les conditions économiques sont aujourd'hui différentes, et il est naturel de chercher l'emplacement de notre futur sanatorium dans la région la plus élevée, et, par conséquent, la plus fraîche et la plus salubre du plateau central, sur les pentes de ces monts de l'Ankaratra, dont les cimes atteignent une altitude de 2.600 mètres.

Les missionnaires norvégiens, plus habitués que leurs collègues anglais à regarder dans la direction du sud, avaient, depuis longtemps, jeté leur dévolu sur cette région et précisément sur les environs d'Ambatolampy. Le Dr Borchgrevink nous a parlé, à Tananarive même, du village d'Andraraty comme réunissant, à ses yeux, les conditions les plus favorables. Malheureusement, ce village est en dehors de l'excellente route carossable qui relie aujourd'hui Tananarive à Fianarantsoa, traversant Ambatolampy, Antsirabé et Ambositra. Ce serait une difficulté pour le transport et l'approvisionnement des hôtes du sanatorium, et cette considération décidera sans doute nos missionnaires à construire à Ambatolampy même ou à quelques centaines de mètres de cette résidence.

Comme nos frères de l'Imerina, nous n'estimons pas qu'il faille acheter pour le sanatorium la maison indigène dont nous a parlé M. Delord et dont la vue figure en tête de cette brochure. La photographie, en général, avantage singulièrement les immeubles de Madagascar. Celle que nous avons ici sous les yeux est, en réalité, une case très exiguë, une misérable bicoque, où une famille européenne serait très à l'étroit et qui, en outre, est mal située et dépourvue de jardin. Il faut absolument, autour d'un sanatorium, de l'espace libre et des ombrages.

C'est donc la construction d'un bâtiment neuf que nous envisageons, à Ambatolampy ou dans les environs. Le site précis devra être choisi avec le plus grand soin et approuvé par un médecin. Les plans et devis seront soumis à l'approbation du Comité directeur. Un règlement sera élaboré pour l'occupation du sanatorium, dont la surveillance sera confiée tout naturellement au missionnaire d'Ambatolampy. A l'exemple de ce qui se fait dans les missions anglaises, les familles qui bénéficieront du sanatorium paieront une faible location hebdomadaire ou mensuelle, dont la quotité sera calculée de façon à couvrir les frais de garde, d'entretien ou de réparation de l'immeuble. Il ne résultera donc de cette institution, dans l'avenir, aucune charge nouvelle pour la Société : elle n'en recueillera que des bénéfices.

Une somme totale de 15.000 francs suffira très largement à couvrir les frais d'achat du terrain, de construction de la maison et des dépendances, de plantations du jardin, d'acquisition du mobilier, vaisselle et ustensiles de cuisine indispensables. Les transports sont encore trop coûteux dans l'intérieur de Madagascar pour que nous puissions imposer à nos missionnaires l'obligation d'apporter avec eux au sanatorium autre chose que leurs vêtements et le linge de maison.

Plus tard, il sera bon d'y constituer peu à peu une bibliothèque, afin que ces périodes de repos physique soient aussi, pour nos missionnaires, des temps de rafraîchissement spirituel, et qu'affranchis pour quelques semaines du contact un peu déprimant des indigènes, ils puissent entrer en communion avec la noble élite de nos écrivains d'Europe, hommes de pensée, de science ou de foi.

Tel est le projet que nous soumettons avec confiance, non pas à tous les souscripteurs de notre Société, — le projet est trop particulier pour que nous devions en saisir le grand public, — mais à un certain nombre d'amis dévoués et généreux que nous supplions de le prendre en très sérieuse considération.

Déjà, il y a deux ans, un premier appel très discret et très circonscrit, nous a valu près de 3.000 francs, qui ont été mis en réserve par notre administrateur. Il reste donc à trouver aujourd'hui, au plus, 12.000 francs. Nous voudrions les avoir le plus tôt possible, et, en tous cas, avant Noël.

Nous pourrons alors informer de cette bonne nouvelle nos missionnaires de Madagascar, et ils prendront leurs dispositions pour que le sanatorium d'Ambato-lampy se construise dans la prochaine saison sèche (avril à octobre 1908).

... Frère, sœur qui reviens de vacances et qui constates avec satisfaction, sur les visages de tes enfants, le bien que chacun s'est fait durant ces semaines de repos et de grand air, au moment où tu te remets avec reconnaissance aux travaux et aux obligations de ta vie ordinaire, tu ne refuseras pas à ceux que nous avons fait partir en ton nom et qui, là-bas, luttent et peinent sans répit, le moyen de se procurer, à eux aussi, des vacances annuelles.

« ... AFIN, dit la loi de Dieu, QUE TON SERVITEUR ET TA SERVANTE SE REPOSENT COMME TOI. » (DEUTÉR. V, 14).

POST=SCRIPTUM

Paris, 4 Novembre 1907.

Deux autres opérations immobilières à Madagascar viennent d'être votées par le Comité comme absolument urgentes. L'une est la construction d'une maison d'habitation pour le directeur de l'École pastorale d'Ambatomanga ; l'autre l'achat d'une propriété, dans d'excellentes conditions, à Tananarive, pour loger un missionnaire habitant jusqu'ici un immeuble en location.

Ces deux opérations doivent être effectuées au moyen des ressources budgétaires ordinaires.

Il a paru au Comité que, dans ces conditions, la souscription pour le Sanatorium ne devait être poursuivie qu'avec la plus extrême discrétion. C'est pourquoi nous ne tirons qu'à 100 exemplaires cette brochure, destinée d'abord à une plus grande diffusion.

Les amis qui en recevront un exemplaire devront donc le considérer comme une communication toute personnelle. La construction du Sanatorium se trouvera ajournée d'un ou deux ans, à moins que les réponses immédiates ne soient très encourageantes. Cependant le projet n'a rien perdu de son utilité.

J. B.

SOUSCRIPTION

POUR LE

SANATORIUM DE LA MISSION DE MADAGASCAR

Sommes reçues avant le 5 Novembre 1907

Mme Alfred André, à Paris...	1.000	»
M. Gustave Mirabaud, à Paris	500	»
Anonyme de Marseille	5	»
Trouvé dans la collecte hebdomadaire de la Maison des Missions	10	»
Par Mme Girod, à Genève	50	»
Mlle J. Brana, à Orthez	10	»
Par M. le Pasteur Martin, à Perdyer (Drôme)	5	»
Part de Vente, par M. le Pasteur Niel, à Plan-de-Baix (Drôme)	82	»
Mme Ve Bonnet, à Saint-Jean-d'Angély (en deux envois)	20	»
Par Mme Trocmé, à Saint-Quentin	30	»
J. B. (Doubs)	100	»
Anonyme de Paris, par M. Mirabaud	500	»
Mme E. Merle d'Aubigné, de Nimes	500	»
Total	2.812	»

Prière d'envoyer les souscriptions à M. O. Beigbeder, *administrateur de la Société des Missions, 39, rue Taitbout, à Paris (IXe), avec la mention :* Sanatorium de Madagascar.

TABLE

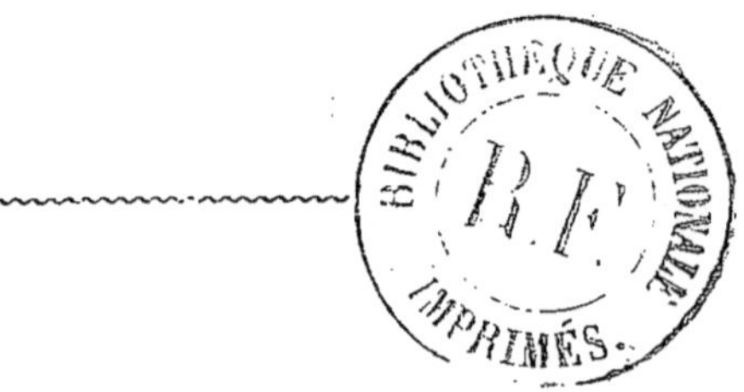

PARIS & CAHORS. IMPRIMERIE A. COUESLANT. — 10.147